AF092273

This Coloring Book Belongs to ....

....

....

....

....

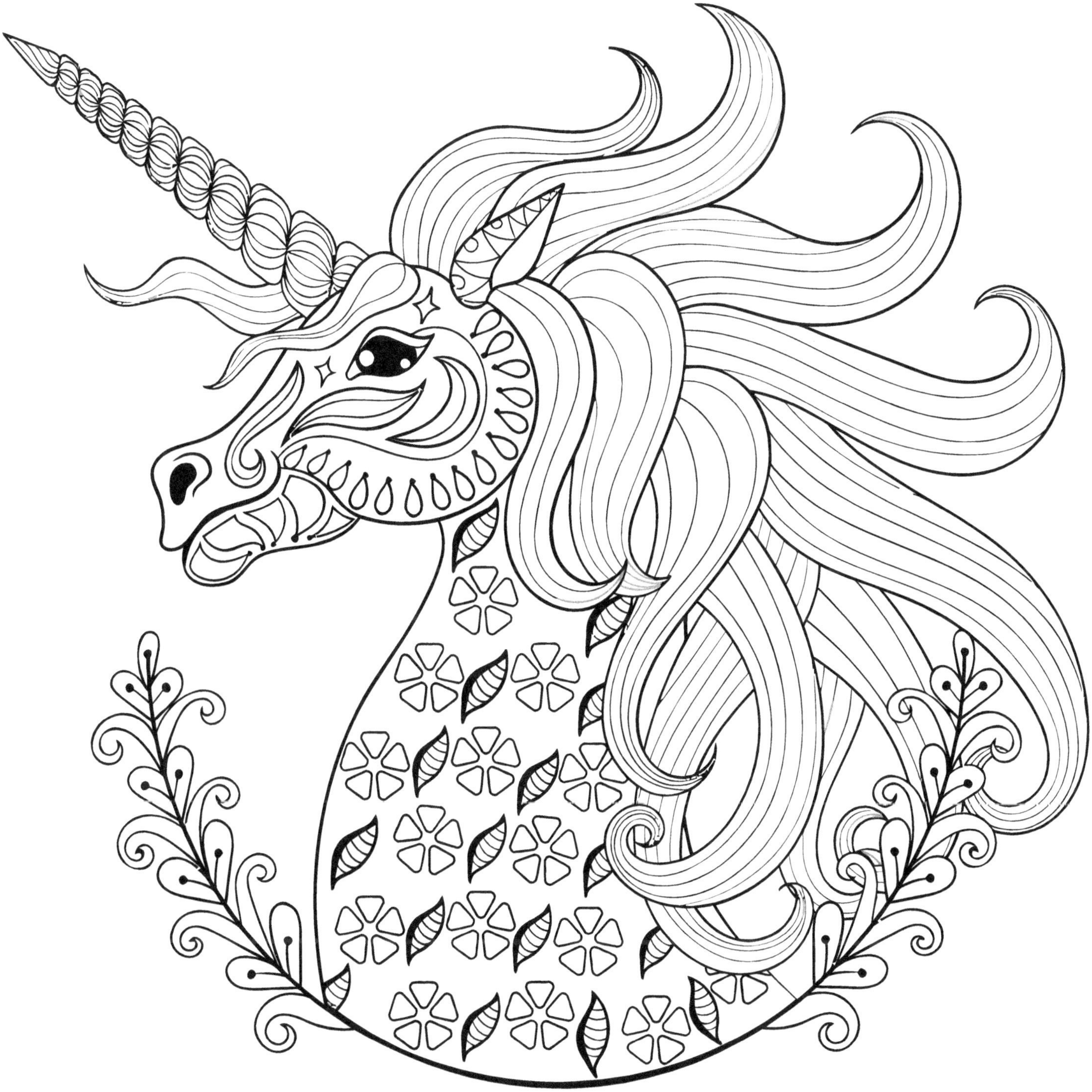

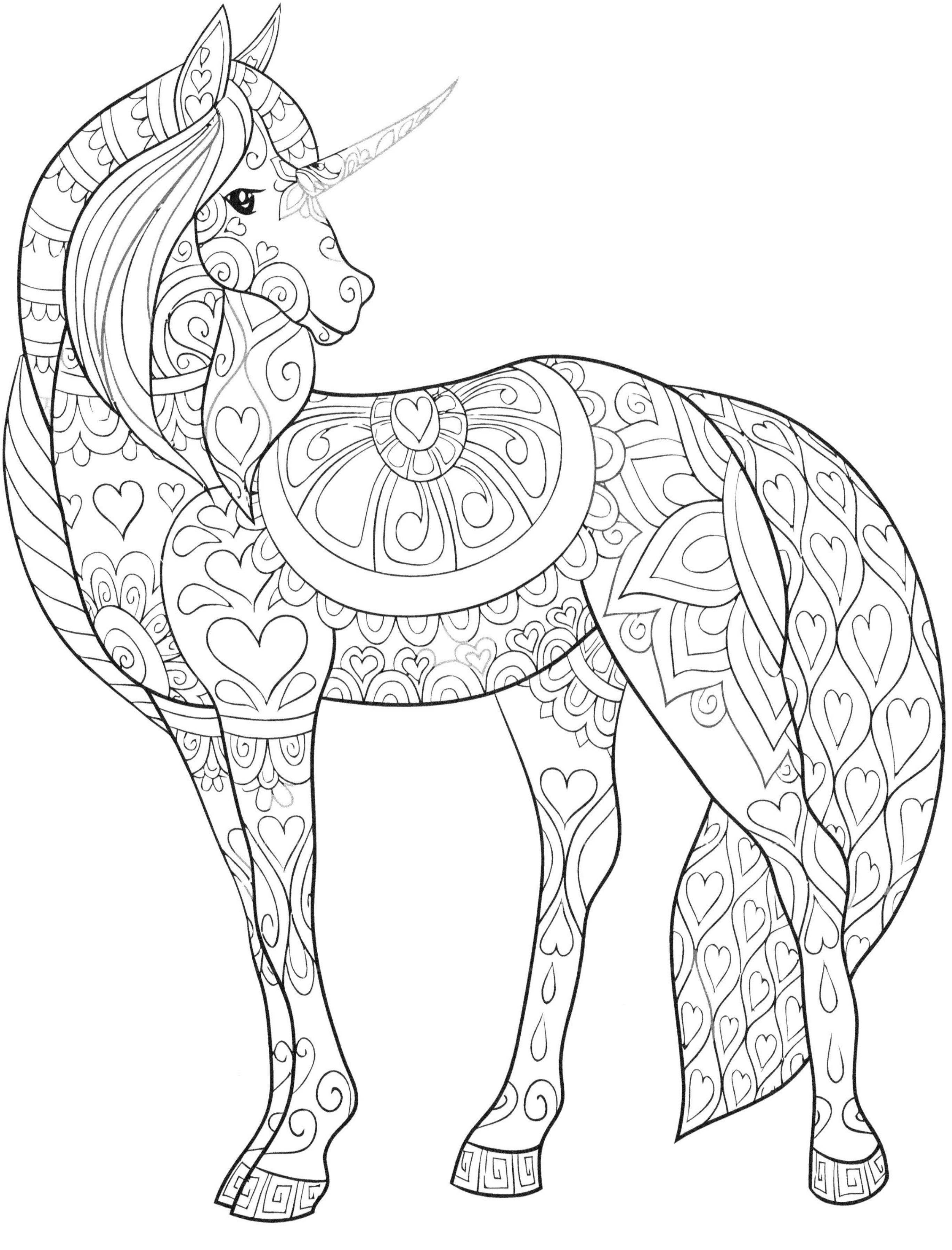

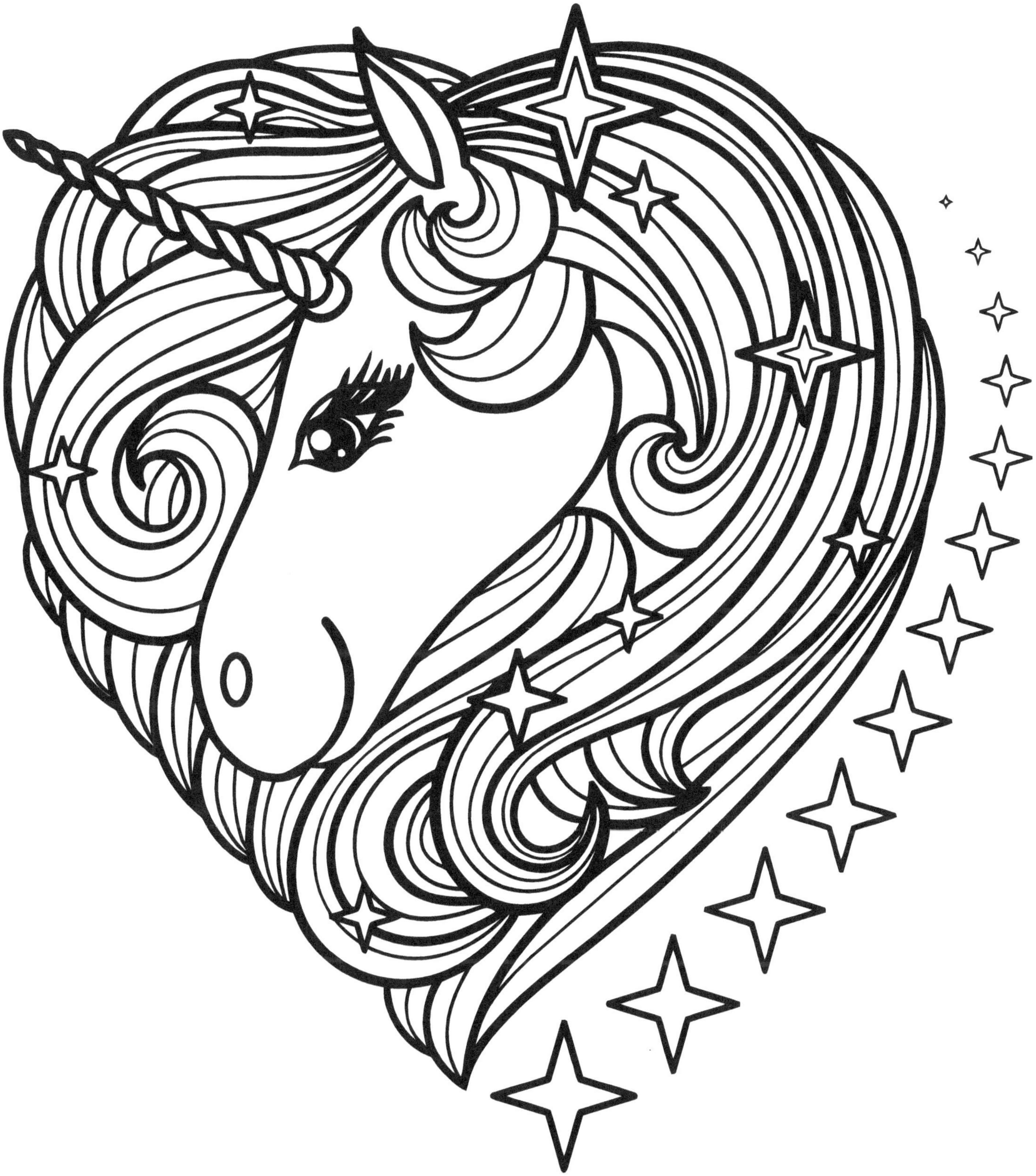

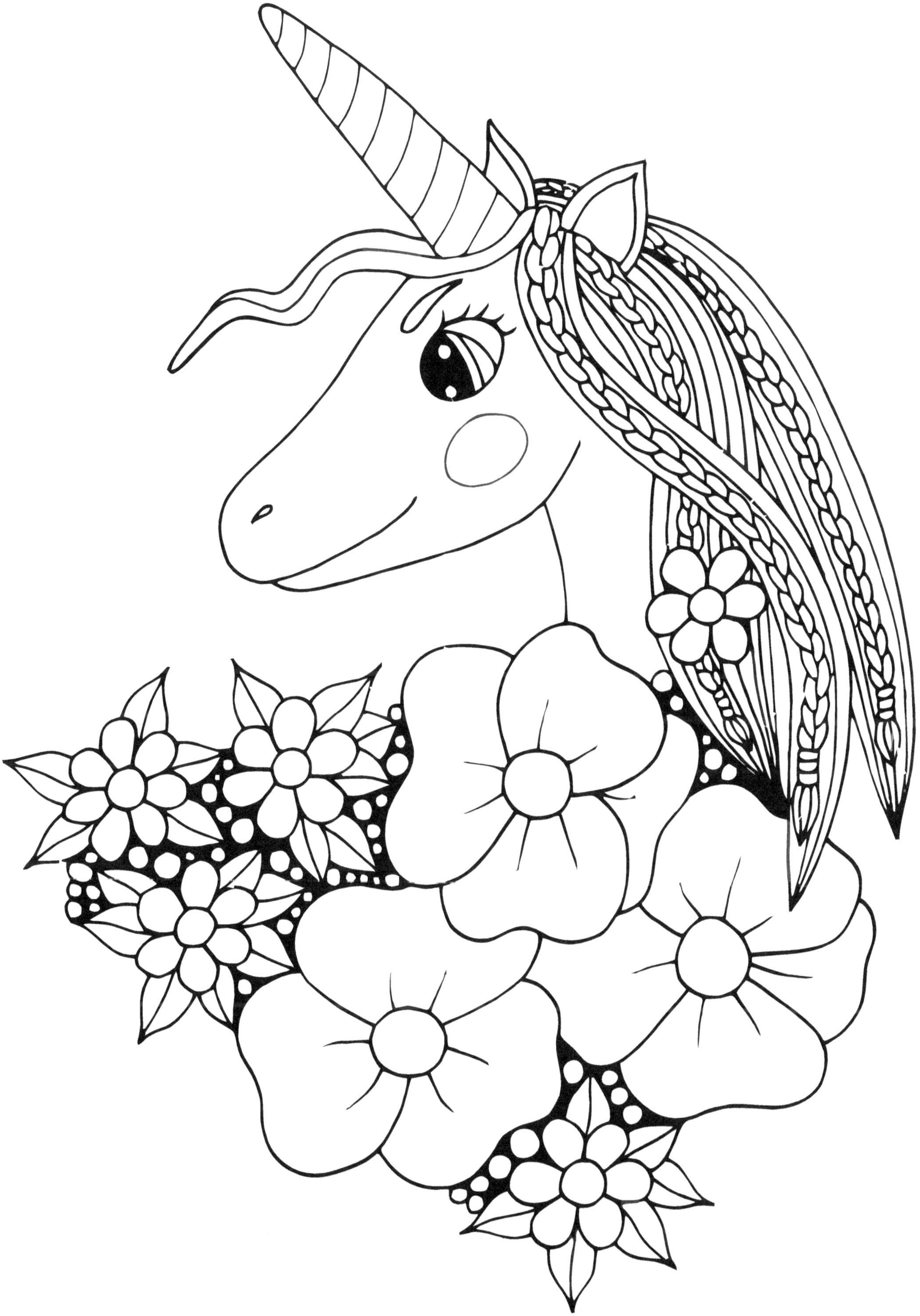

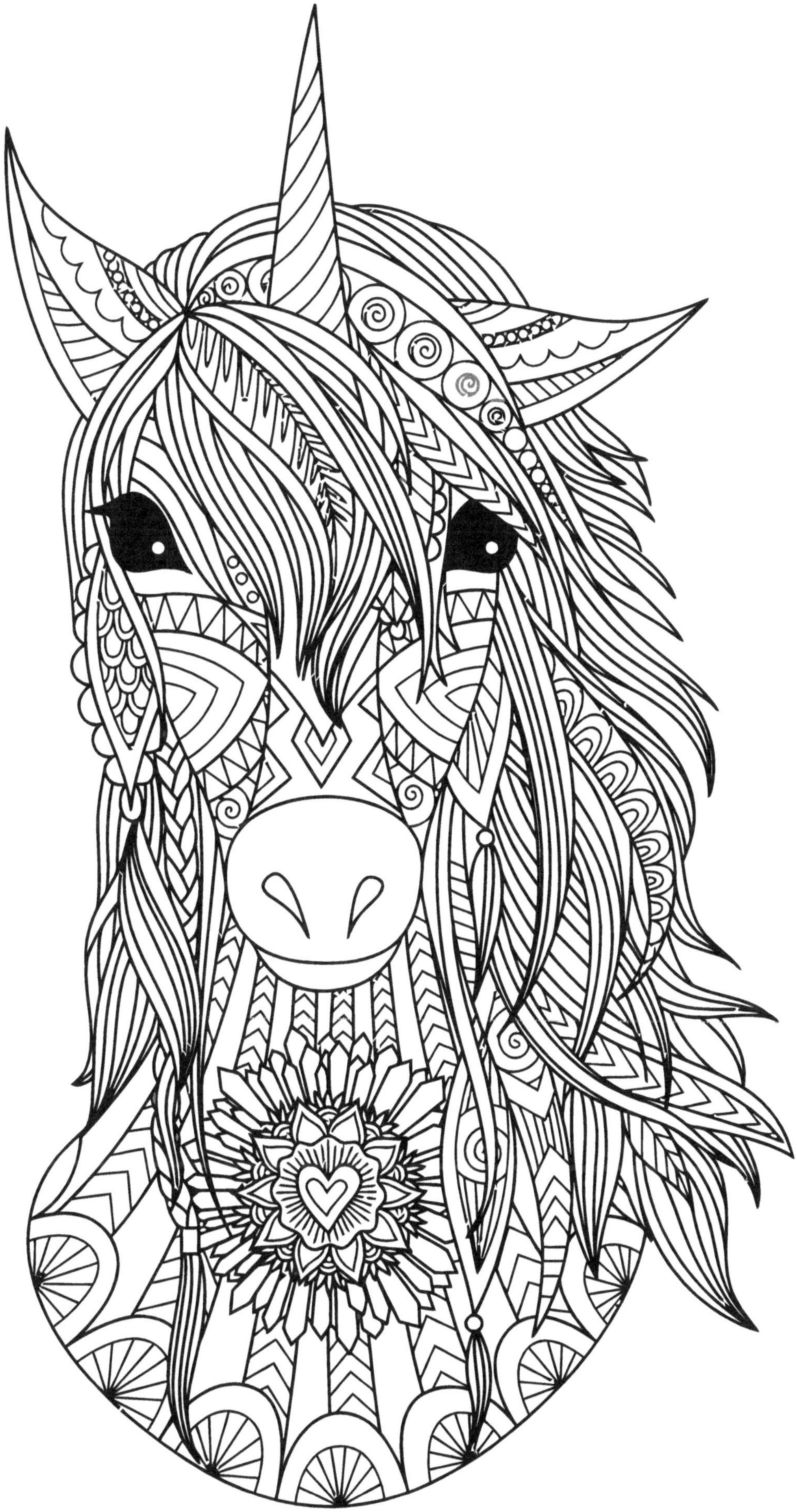

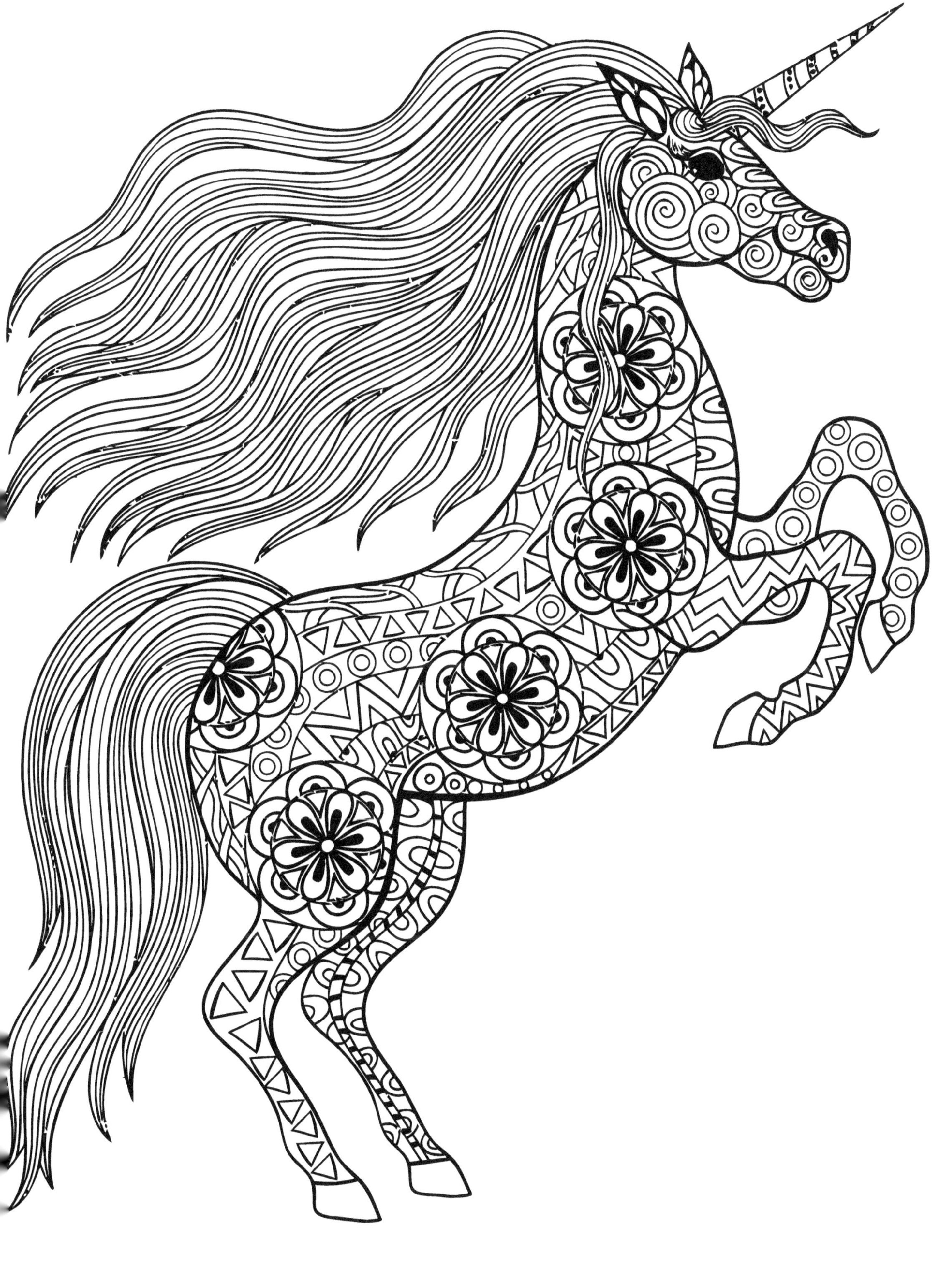

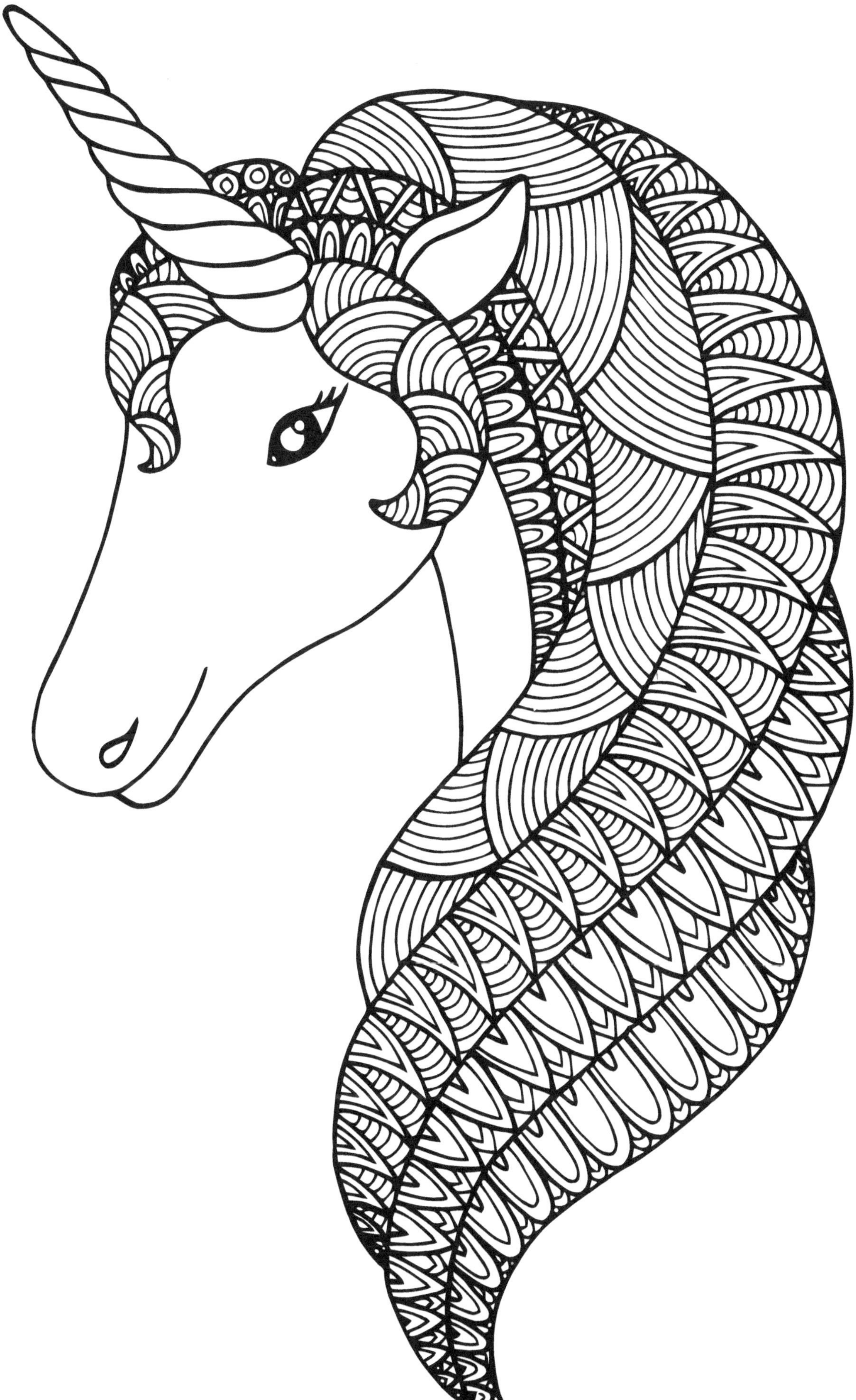

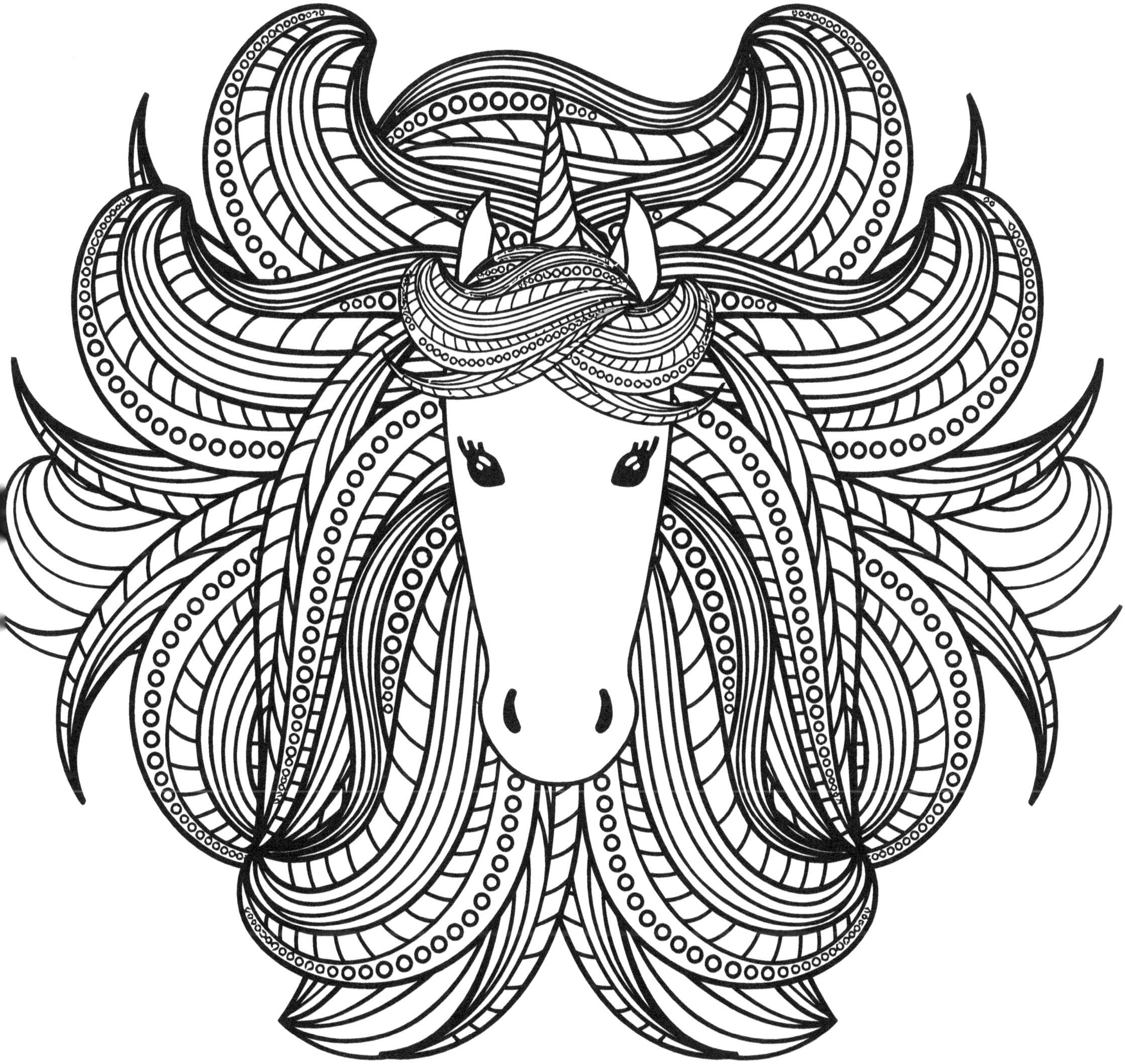

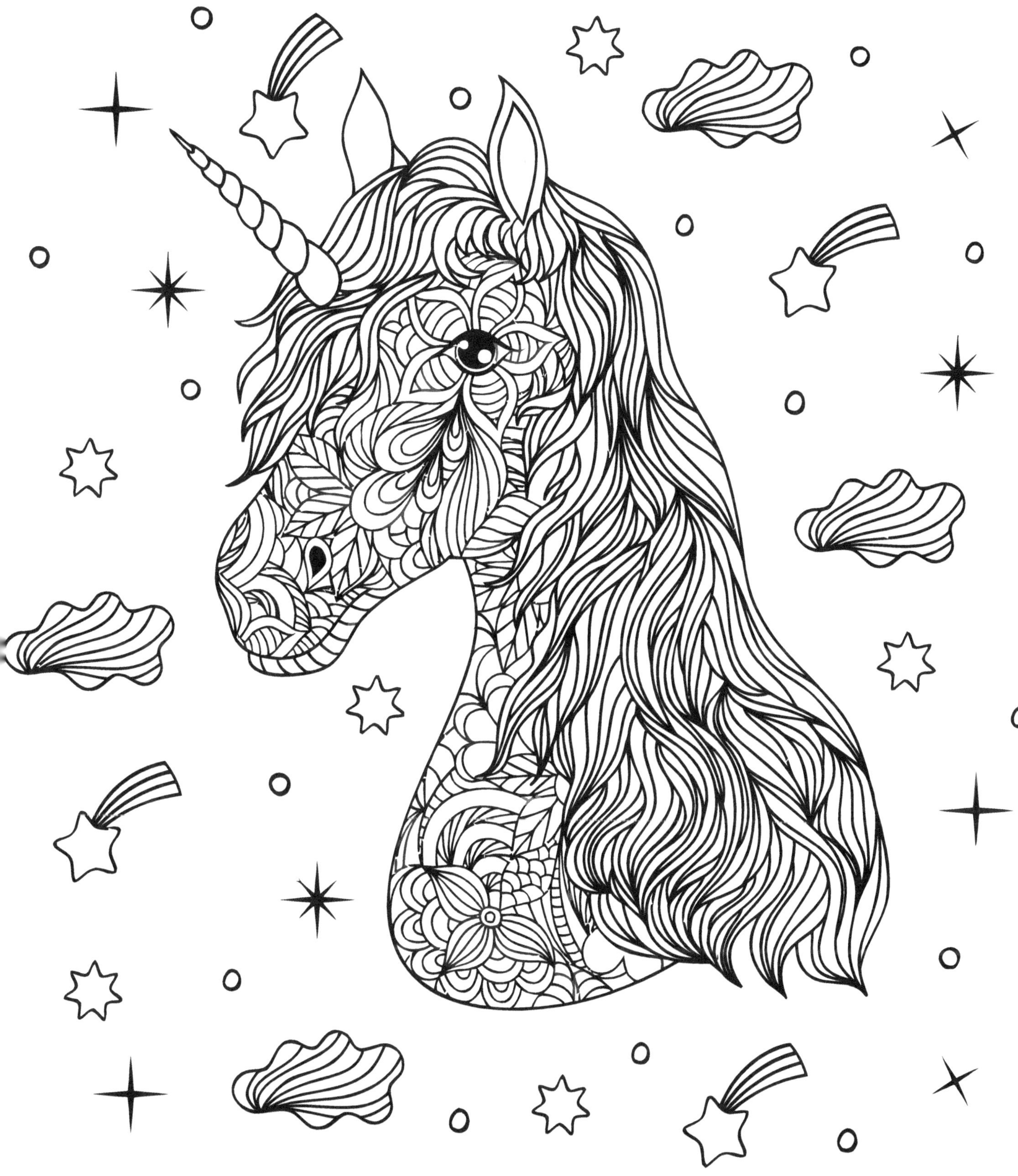

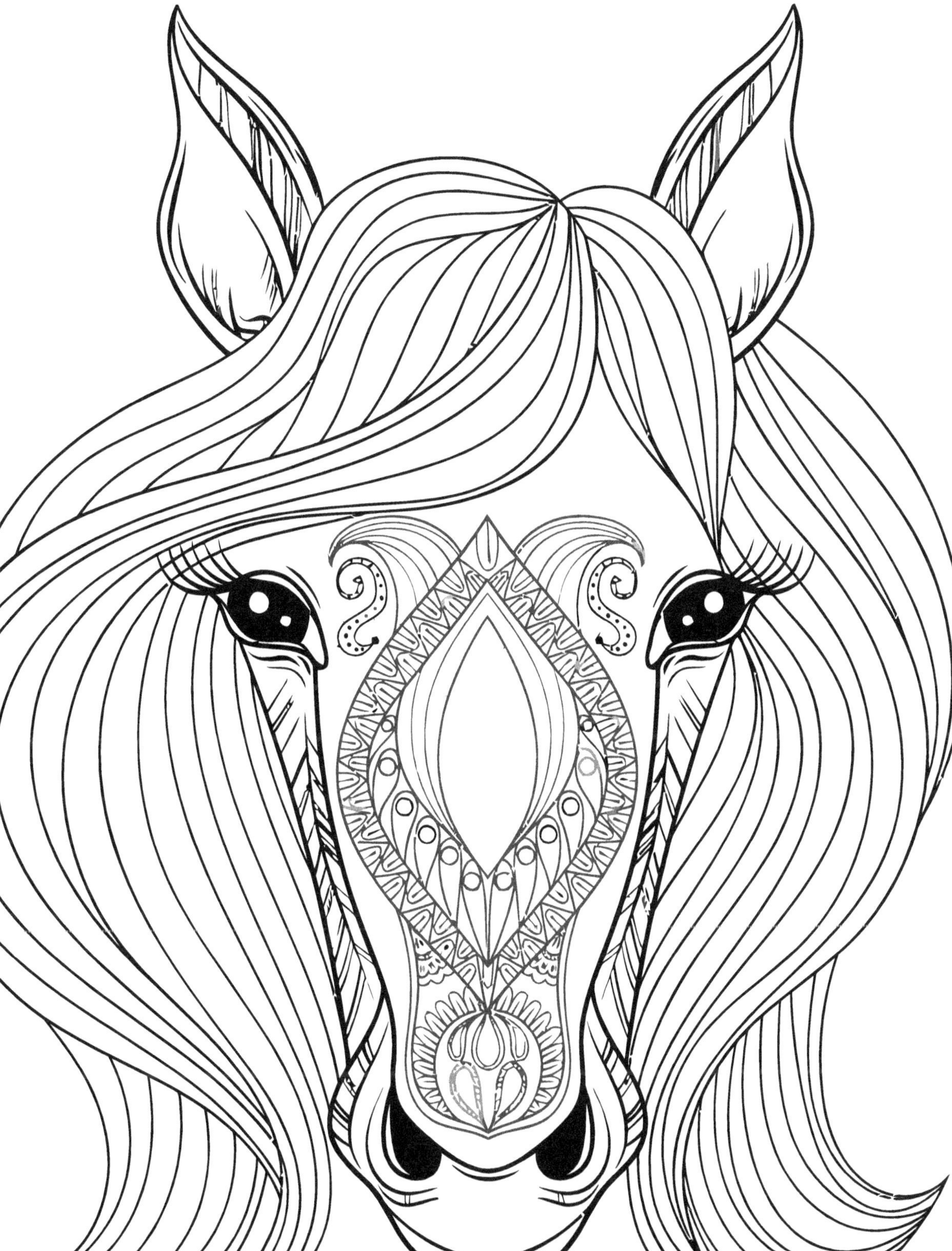

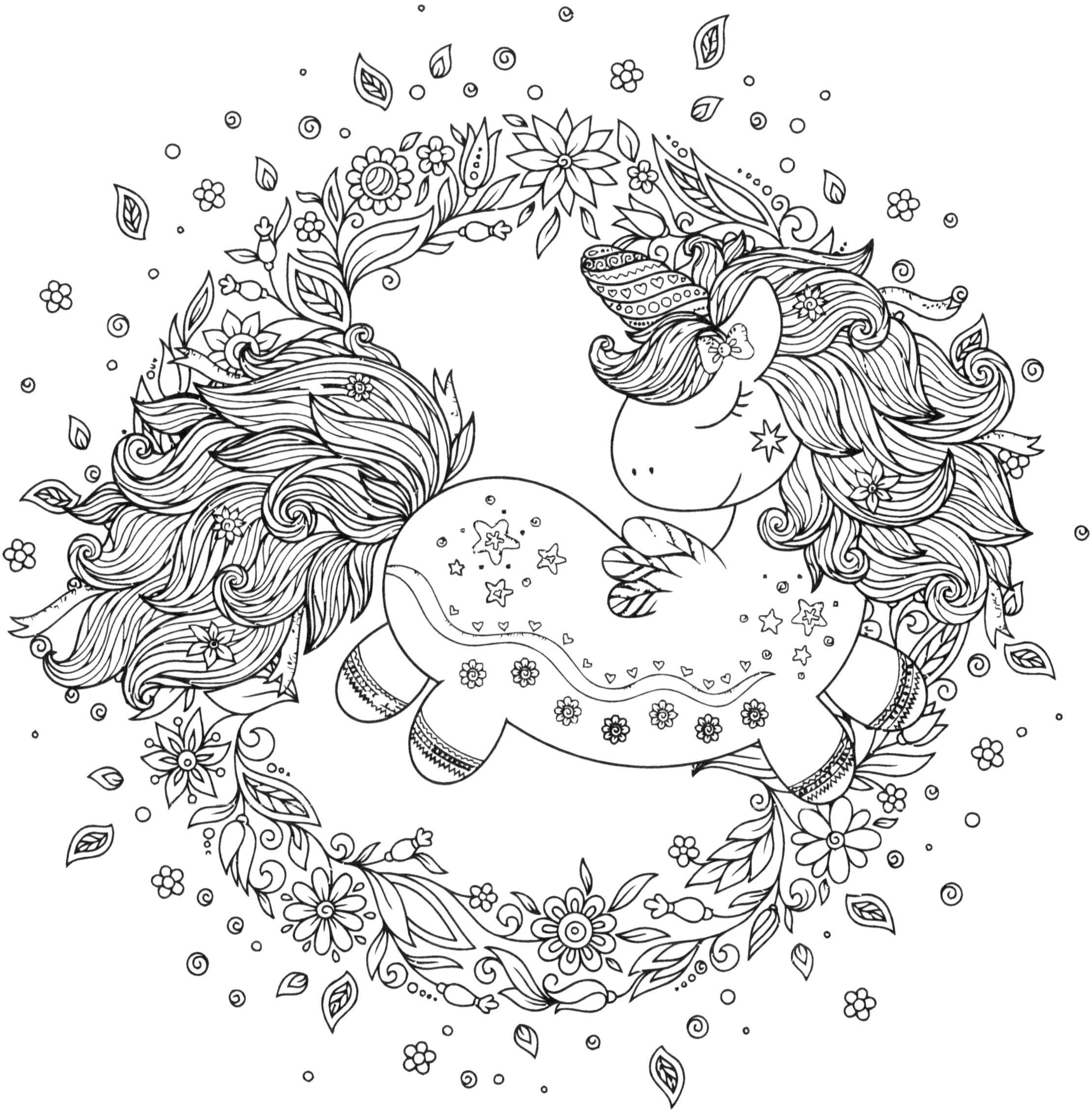

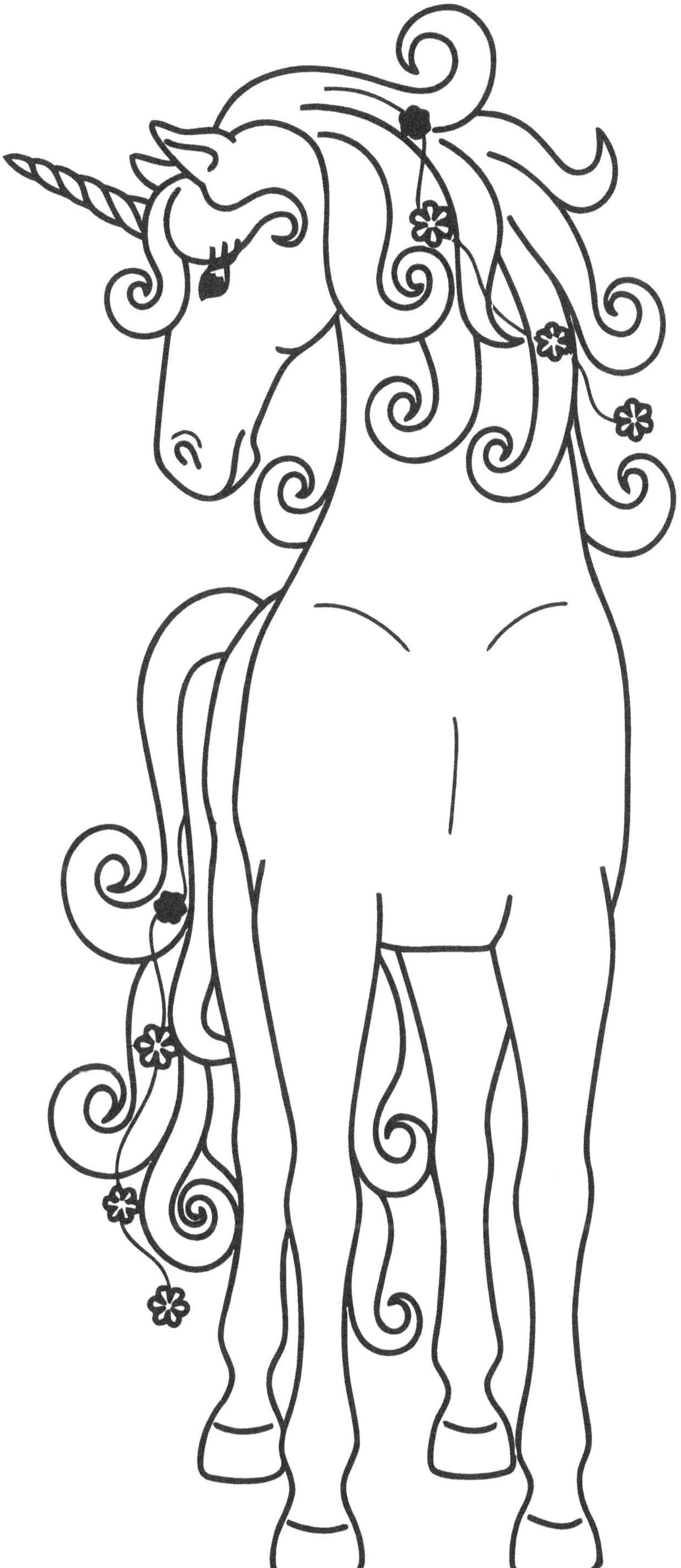

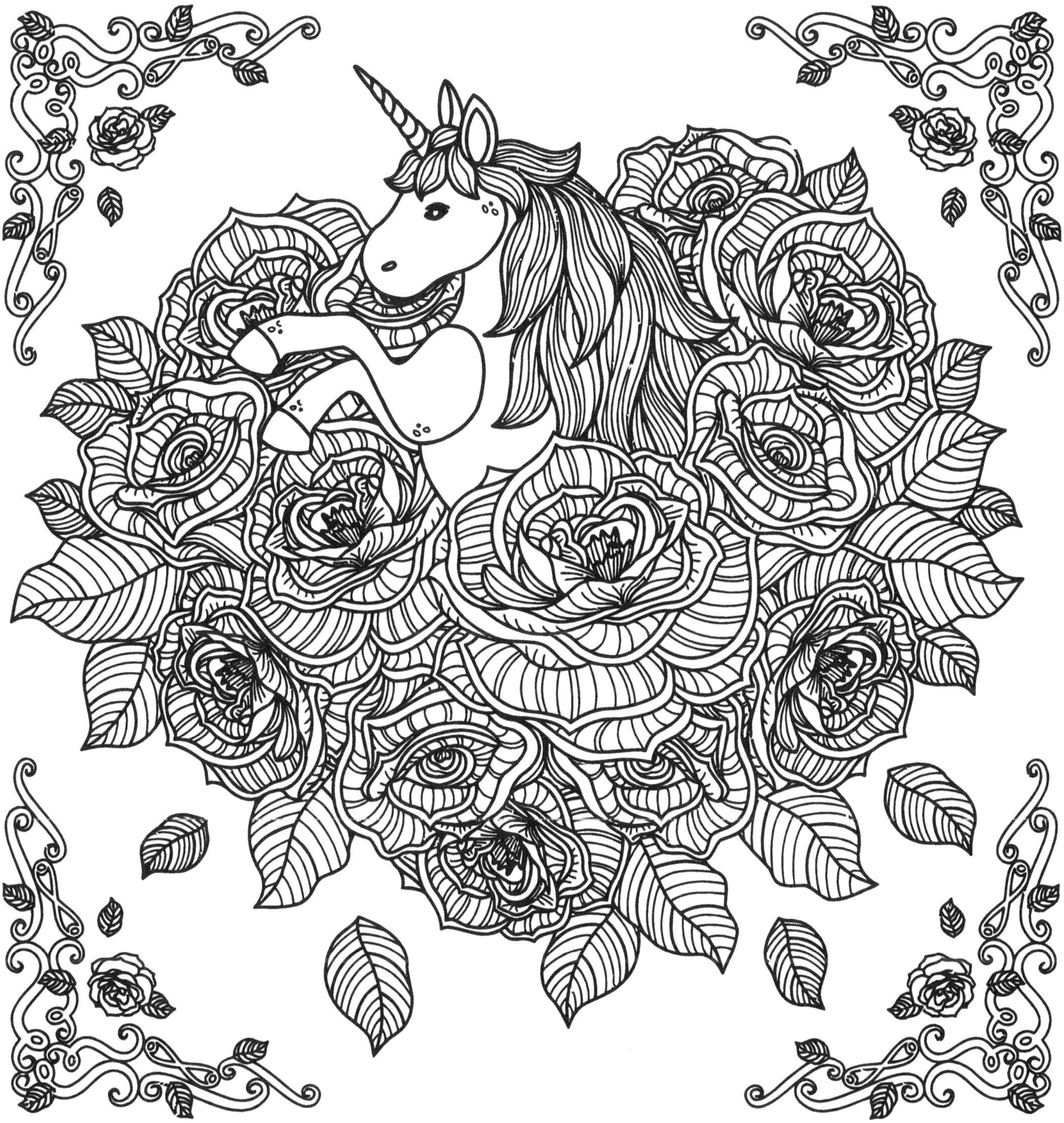

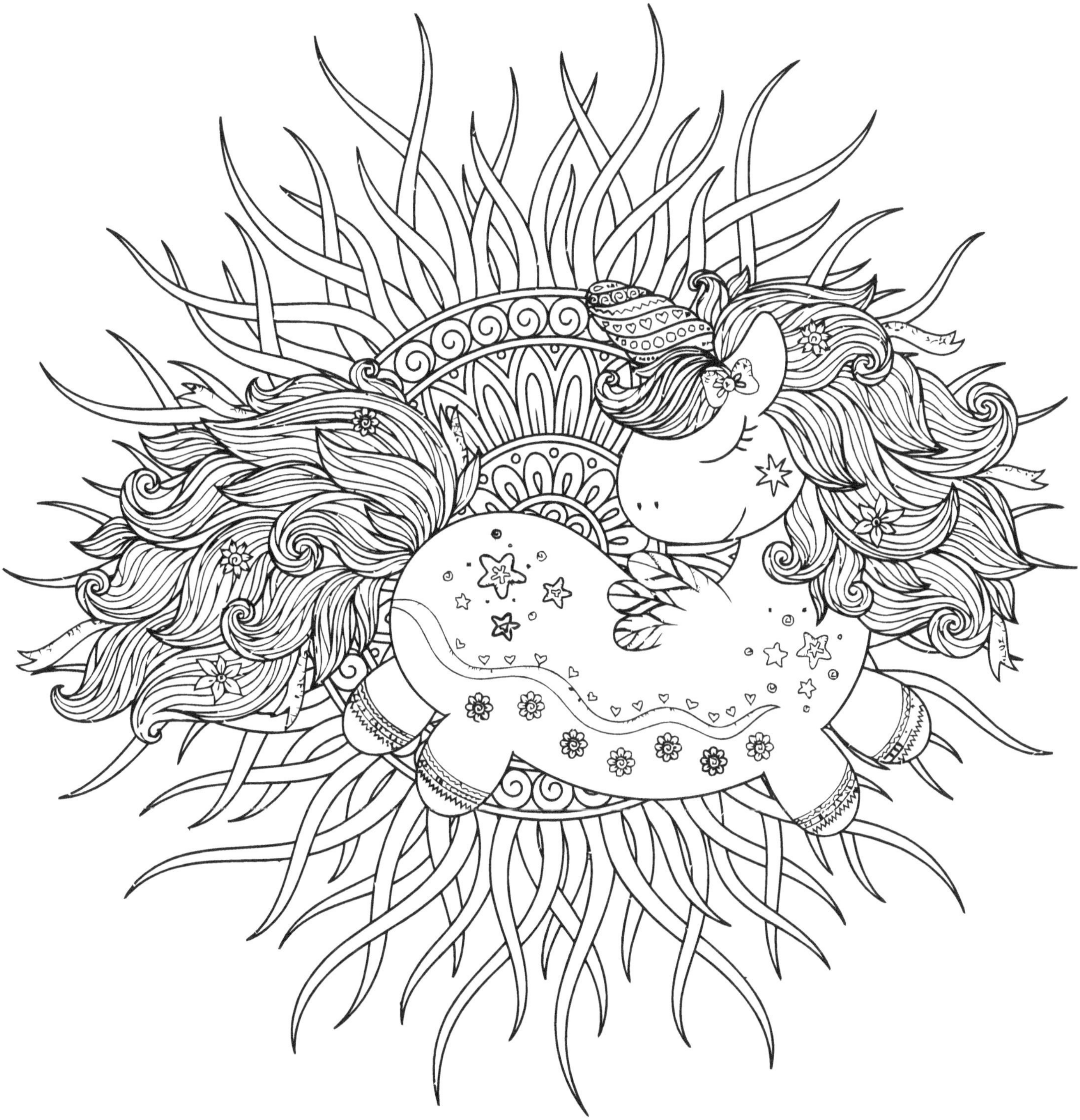

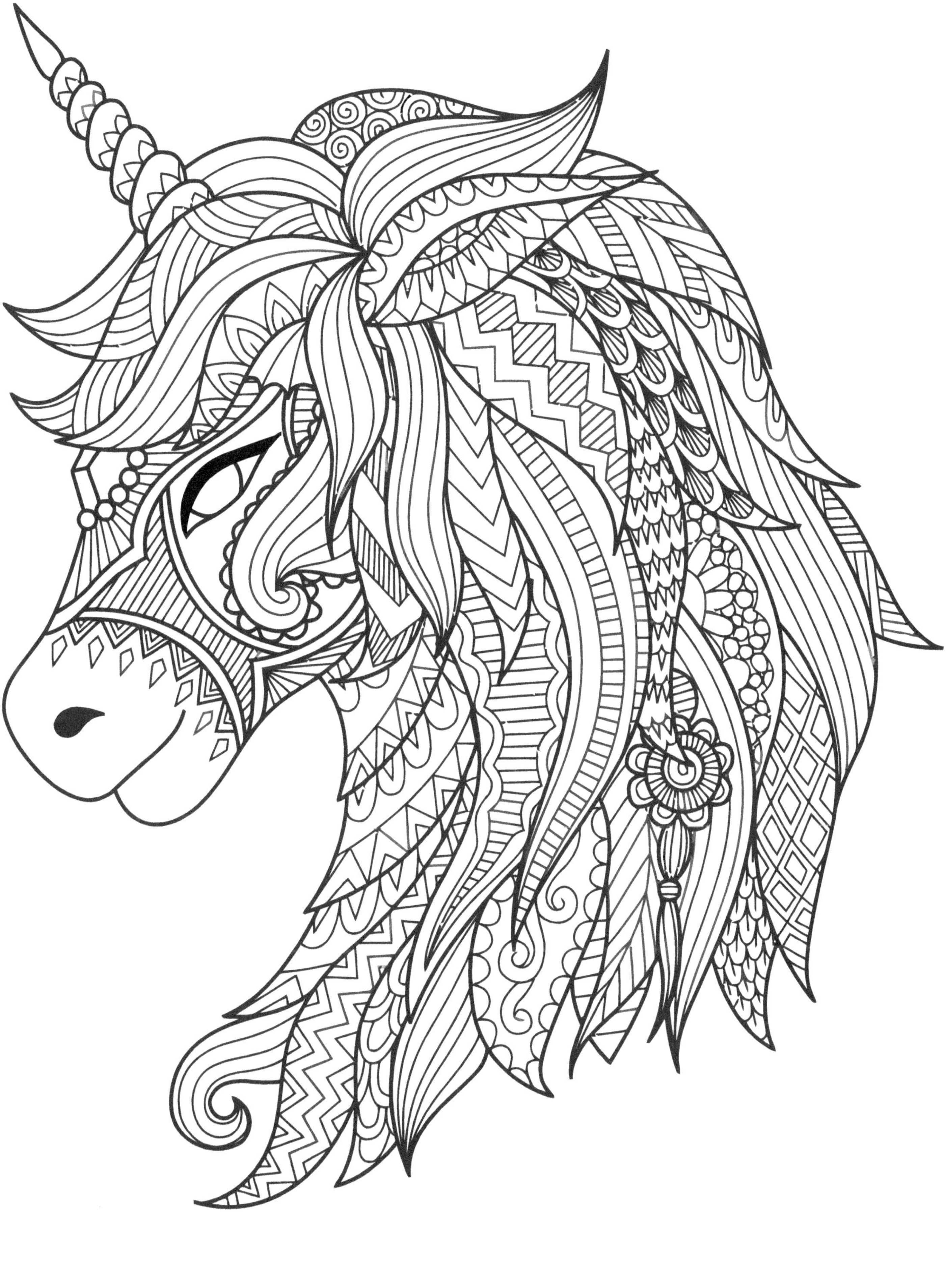

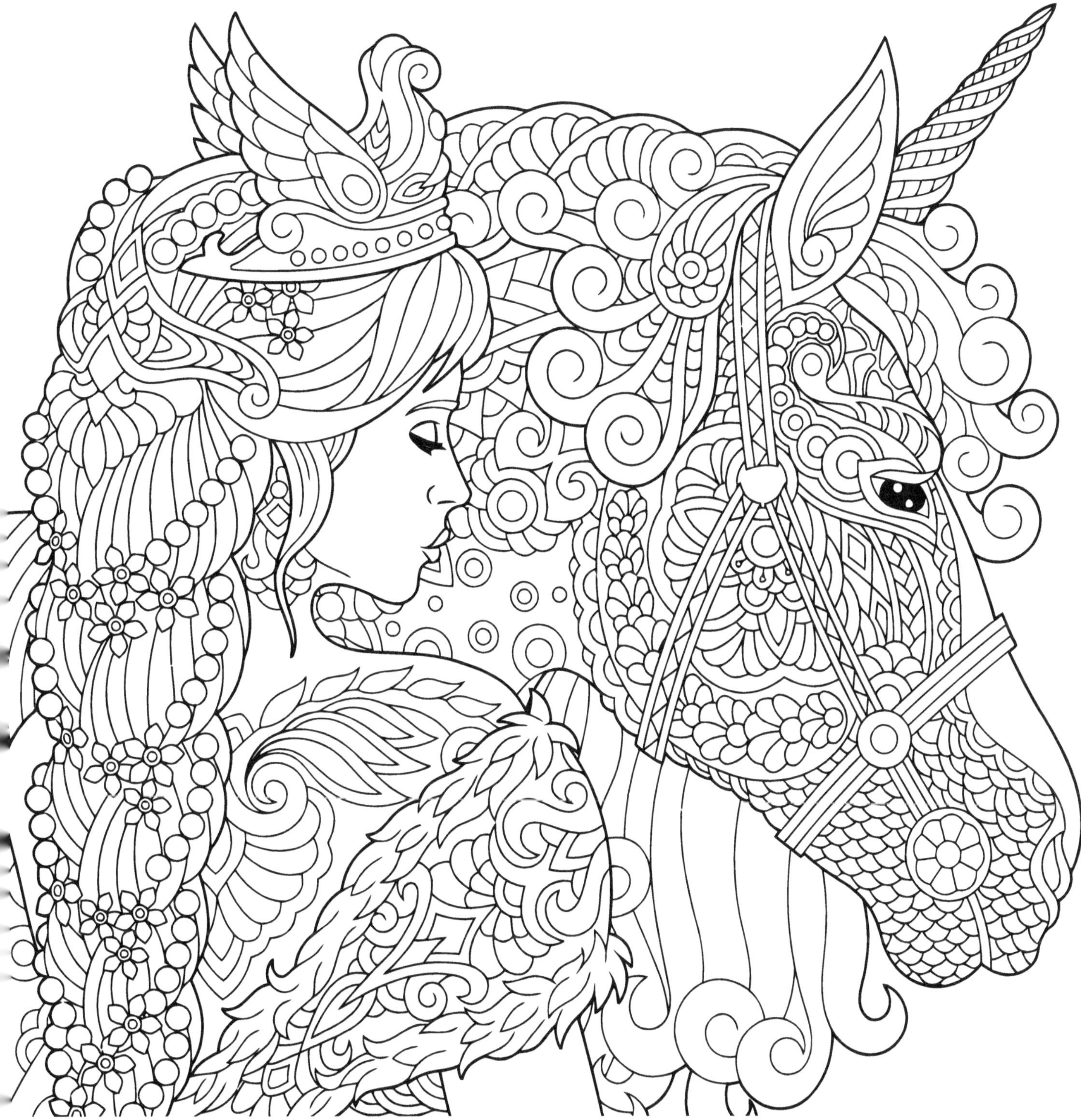

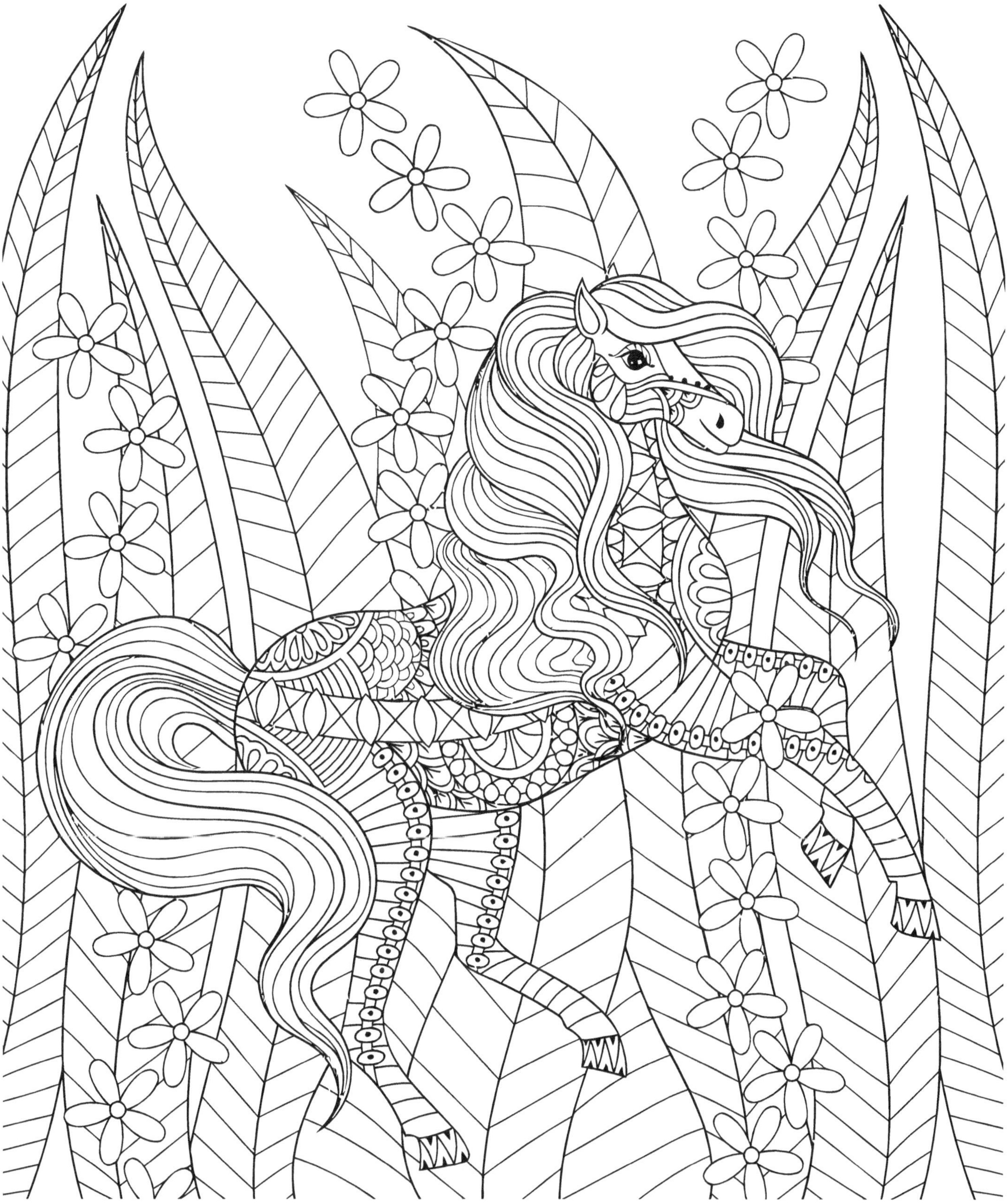

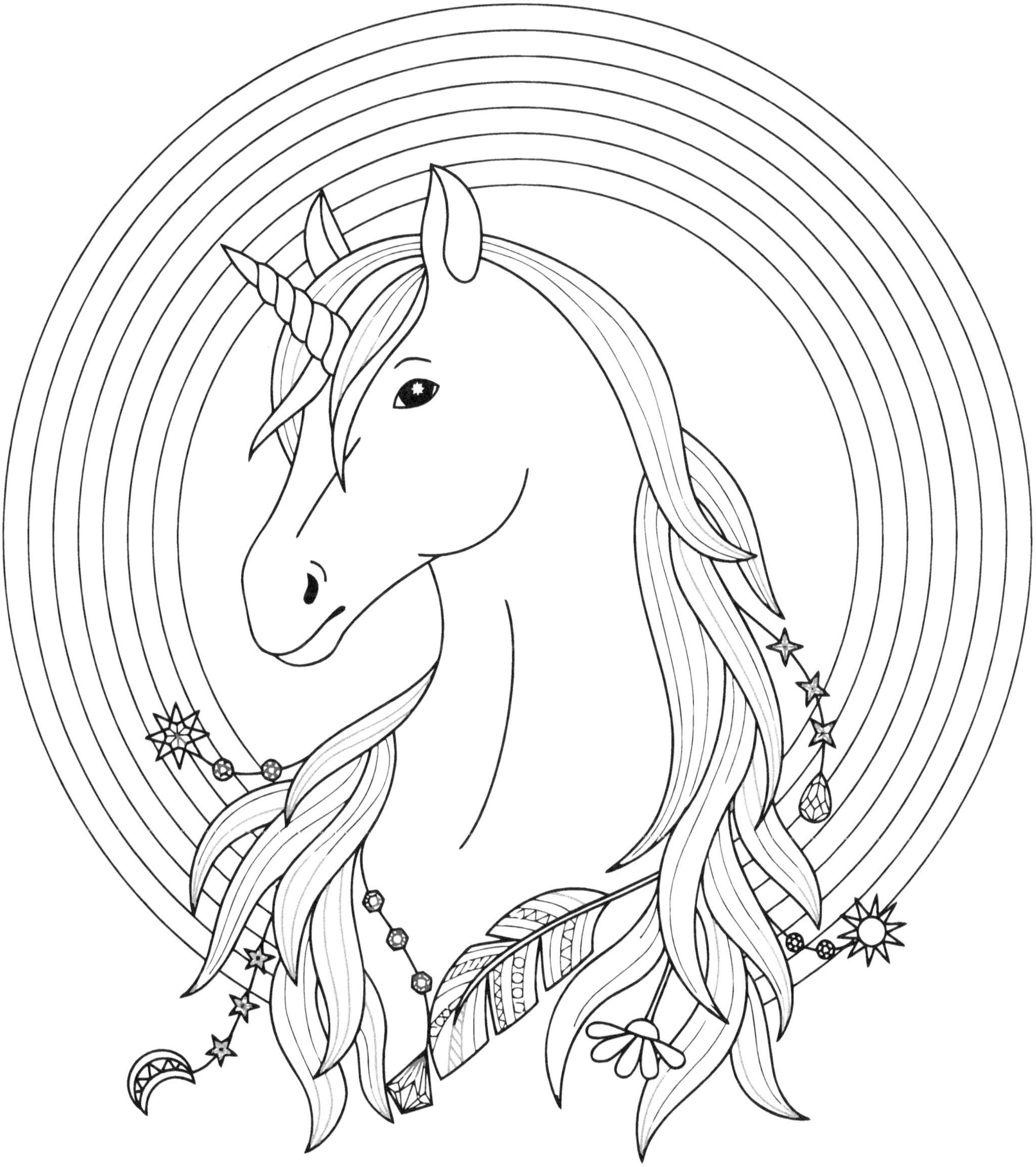

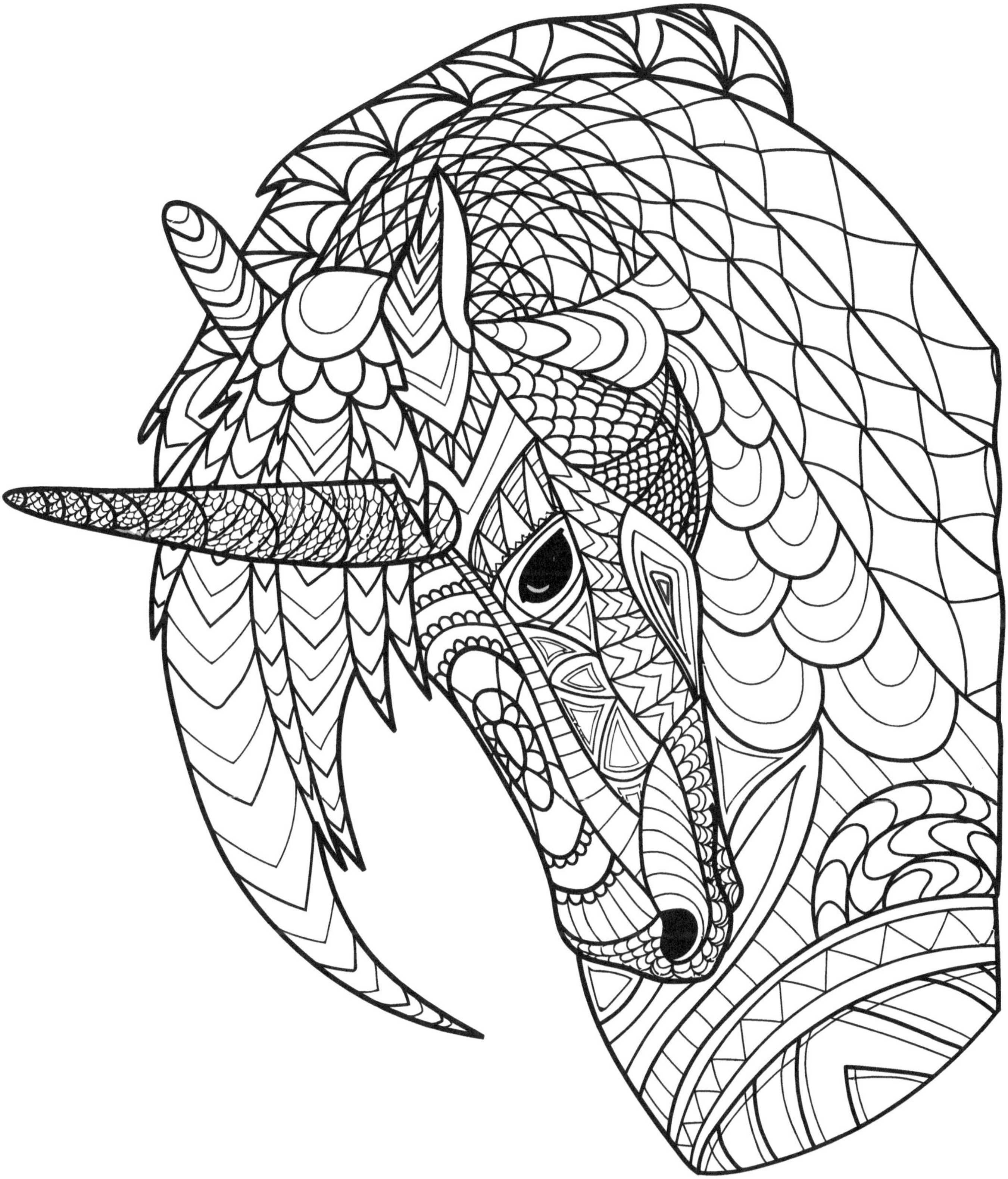

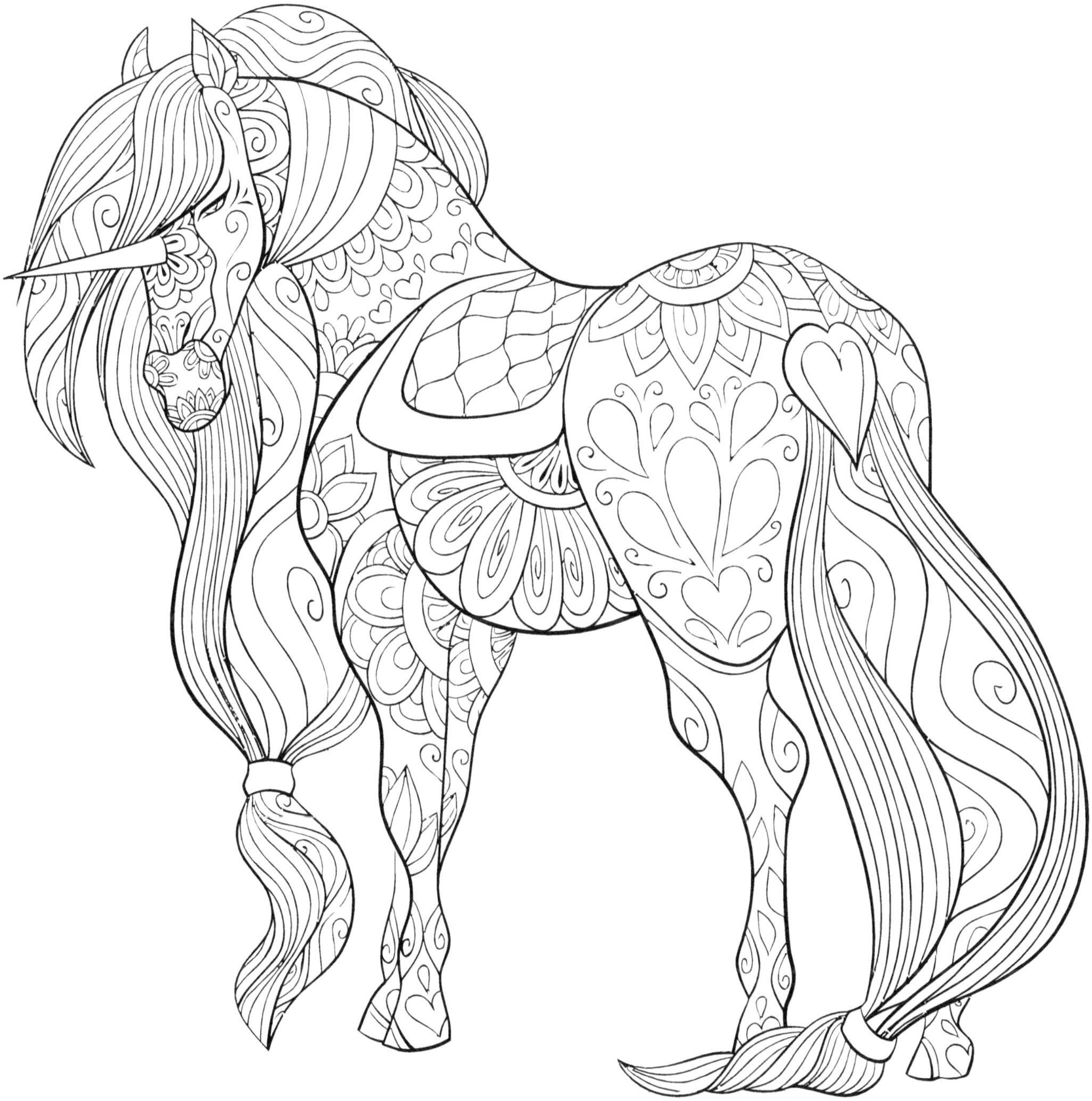

www.ingramcontent.com/pod-product-compliance
Lightning Source LLC
LaVergne TN
LVHW060220080526
838202LV00052B/4316
* 9 7 8 6 0 6 0 7 1 2 3 2 9 *